울지 않아요, 나는 꿈이 있어요 - **소년 이재명**

1판 1쇄 인쇄 2025년 7월 1일 / 1판 1쇄 발행 2025년 7월 11일

글 송승태 | 그림 윤정 | 편집 신유민 | 펴낸이 최동환 | 펴낸곳 길위의책 | 출판등록 제2023-000048호 2015년 9월 23일 | 주소 (10881)경기도 파주시 문발로115(문발동, 세종출판벤처타운) 207호 | 전화 031-942-3470 | 팩스 031-942-3471 | 전자우편 swdtp21@hanmail.net

이 책은 저작권법에 따라 보호를 받는 저작물이므로 무단 전재와 무단 복제를 금지하며, 이 책의 내용 전부 또는 일부를 이용하려면 반드시 저작권자와 길위의책의 서면 동의를 받아야 합니다.
* 값은 뒤표지에 있습니다. * 잘못 만들어진 책은 구입처에서 교환해 드립니다.

ⓒ 2025 송승태, 윤정 / ISBN 979-11-89151-27-0 (77810)

Written by Song Seungtae. Illustrations by Yun Jeong. Text Copyright ⓒ 2025 Song Seungtae. Illustrations Copyright ⓒ 2025 Yun Jeong. All right reserved. First published in korea in 2025 by Roadonbook Publishing Co. Printed in Korea.

울지 않아요,
나는 꿈이 있어요

소년 이재명

글 * 송승태 | 그림 * 윤정

아름다운 곳 안동의 산골 마을에서
농부의 아들로 다섯째 아이가 태어났어요.
좋은 집, 멋진 옷, 맛있는 음식은 생각도 할 수 없는 가난한 집이었어요.
세 끼 밥만 먹어도 감사했죠.

"친구들아, 안녕~."
아이는 초등학교에 다니기 시작했어요.
먼 길을 걸어야 했지만 친구도 생기고
공부도 할 수 있어서 행복했어요.
선생님께 칭찬도 많이 받았고요.

그런데 누나, 형들이 커가면서 집은 더욱 어려워졌어요.
그래서 엄마는 성남이라는 곳으로 이사가기로 했어요.
아빠가 그곳에서 일하고 있었거든요.

"성남이 어디예요?"

초등학교를 막 졸업한 소년은 성남으로 간다는
엄마의 말씀에 가슴이 두근두근! 아빠도 오랜만에 만나고
새로운 곳에 간다는 생각에 설레었어요.

하지만 성남에 도착한 지 얼마 안 되어 소년은
중학교에 갈 수 없다는 말을 들었어요.
크게 실망했지만 어쩔 수 없이 엄마 손을 잡고 공장으로 향했어요.

"내가 어떻게 이걸…, 할 수 있을까?"
이제 겨우 13살이 된 소년은 공장에서
일을 하며 돈을 벌어야 했어요.
너무 힘들었지만 밥을 거르지 않고
먹을 수 있어서 참았어요.

"아악!!!"
어느 날, 소년은 커다란 기계로 일을 하다가 팔을 심하게 다쳤어요.
"이제 이 팔은 평생 쓰기 어려워요."
의사 선생님의 말씀에 소년은 눈물이 왈칵 쏟아졌어요.

"어떡하면 좋을까?"
몸도 마음도 너무 아팠지만
집이 가난해서 계속 울고 있을 수만도 없었어요.
소년은 이를 꽉 물고 다시 일어났어요.

그리고 마음을 굳게 다잡았어요.
"공부할 거야! 그래, 나는 꼭 공부해야 해!"
팔까지 못 쓰게 된 소년에게는
공부가 마지막 희망이었어요.

"선생님, 질문 있어요!"
소년은 낮에는 일하고 밤에는 야학과 학원에 가서 공부하였어요.
집에 돌아와서도 쉬지 않고 열심히 하였어요.

성남 시내를 굽이져 흐르는 시냇물처럼 시간이 지나갔어요.
소년의 몸과 마음도 성장했고요.
검정고시에 붙어 중학교와 고등학교 과정을 마쳤어요.

"나, 여기 대학교에 왔다!"
마침내 소년은 꿈에 그리던 대학교에 들어갔어요.
전액 장학금에 생활비 보조금도 받았죠.
너무너무 기뻤답니다.
돈이 없었던 소년에게 장학금은 생명줄이었거든요.

대학교에서도 밤낮 없이 열심히 공부한 소년은 23살의 이른 나이에 사법고시에 붙어 검사가 되었어요. 하지만 바로 그만두고서 변호사를 하기로 마음 먹었어요.

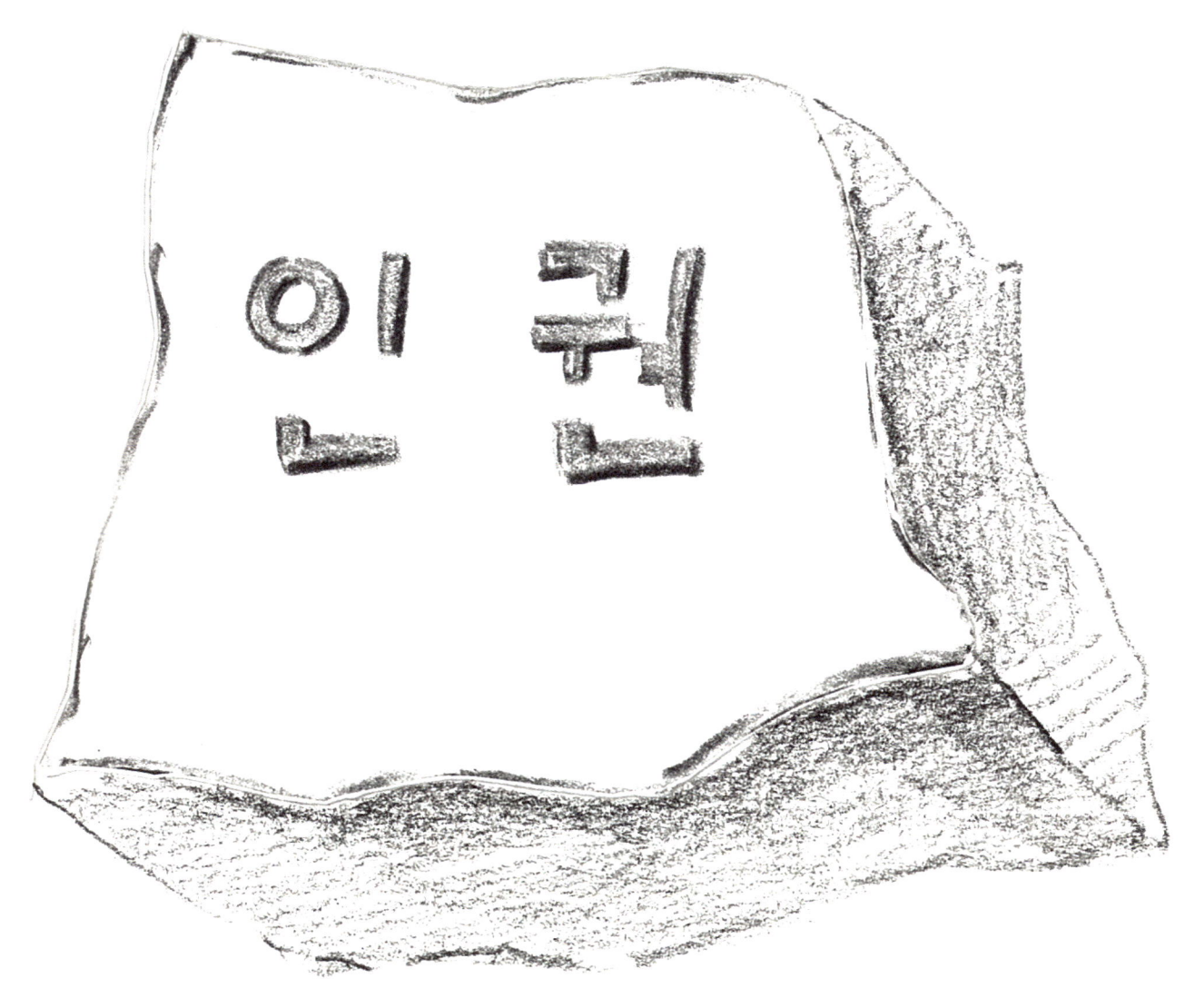

가난하고 못 배운, 힘 없는 이웃들을 돕고 싶었기 때문이었죠.
성남으로 다시 돌아와 인권변호사의 길로 들어섰던 거예요.
그러다가 문득 생각했죠.
'조금 더 많은 사람들을 도울 수 있다면 얼마나 좋을까?'

소년은 변호사에서
시민운동가, 성남시장, 도지사, 국회의원으로 성장했어요. 그리고 …

'**모두가 행복한 나라를 만들고 싶다!**'는
꿈을 갖게 되었고 마침내 대통령이 되었어요.
그 소년의 이름은 '**이재명**'이에요.

글쓴이의 말

우리 집은 왜 이럴까…….
나는 왜 이럴까…… 바보 같아.
어휴…… 정말 힘들어.
짜증나고 성질나서 미치겠어.
너무 슬프고 괴로워.

살다 보면 이런저런 이유로 눈물 나고 울고 싶을 때가 있어요.
화가 치밀어 오르고 불공평하다고 느낄 때도 있지요.
하지만 우리는 불평하지 마라, 투덜거리지 마라, 울면 안 된다는 교육을 받고 자랍니다.
그러나 저는 그렇게 생각하지 않아요.
힘들 때는 힘들다고 해야 하고
울고 싶을 때는 울어야 합니다.
웃고 싶을 때는 크고 밝게 웃어야 합니다.
기쁠 때는 팔짝팔짝 뛰며 좋아할 수도 있고요.
중요한 건 억울하고 마음 아파 울고 나서는 다시 일어서야 한다는 거예요.
울다가 그대로 주저앉는다면 이건 정말 불행한 거예요.

지금 나의 환경과 모습은 어떤가요?
혹시 스스로의 모습이 마음에 안 든다면 다시 한 번 자세하게 천천히 보세요.
정말 멋지고 훌륭한 모습이 보일 거예요.
힘들고 괴롭고 울고 싶은 일이 생기더라도 어깨를 활짝 펴고 앞으로 나가세요.
미소를 지으며 똑바로 가세요.
지금 충분히 멋지니까요.

2025년 봄
송승태

그린이의 말

그림을 의뢰받고 처음 이 글을 읽어 보던 때가 생각납니다. 글에서 느껴진 소년의 마음을 어떻게 그림으로 담아낼 수 있을까, 끊임없이 고민했고 몇 번이고 마음이 아팠습니다. 솔직히 말하면, 나라면 저 어린 나이에 그렇게까지 버틸 수 있었을까, 좌절하고 주저앉지 않았을까……

그림을 그리는 내내 저 자신에게 그런 질문을 던지게 되었습니다. 그런데 동시에, 저는 이 이야기를 통해 용기를 얻었습니다. 그림작가가 되기까지 저 역시 수많은 실패와 두려움 앞에 섰고, 그 때마다 다시 붓을 들게 한 건 아주 작지만 분명한 '내 안의 꿈'이었습니다.

인생은 한 폭의 산과 같다고 생각합니다. 산을 오르는 것은 힘들지만 보람이 있고, 또 가끔은 내리막이 있어도 자꾸만 걸어간다면, 다시 올라가는 순간이 찾아오기 때문입니다. 험난한 산도, 멀리서 바라봤을 때는 참으로 아름답지요? 우리의 인생도 그렇다고 생각합니다.

이 책을 읽는 독자 여러분들도 '소년 이재명'의 이야기를 통해 어떤 상황에서도 꿈은 여전히 우리 안에 있다는 것을 함께 느끼고 기억해 주셨으면 좋겠습니다.

2025년 봄
윤정